edition exil
kleine reihe lesen

edition exil

petra lehmkuhl
nikolaus scheibner
philip scheiner

intakte mütter

kleine reihe lesen

petra lehmkuhl, nikolaus scheibner, philip scheiner:
intakte mütter

herbst 1999

herausgeberin: christa stippinger
layout und graphische gestaltung: philip scheiner
lektorat: waltraud haas
druck: REMAprint
auflage: 1.000 stück
isbn: 3-901899-02-2

edition exil
a-1070 wien, stiftgasse 8, tel.: 523 64 75, fax: 523 40 09

gefördert von: bka:kunst .KUNST wienKultur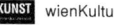

© alle rechte bleiben bei den autorInnen

petra lehmkuhl	7
nikolaus scheibner	37
philip scheiner	67

petra lehmkuhl

sie haben
frauen unter sechzig
in gedichten das ich verboten
richtig so!

flaute

im frühjahr saßen wir in der küche
fütterten ameisen mit backpulver und sahen zu
wie sie explodierten
es war mal warm
mal kalt

jemand setzte dann
und wann frischen kaffee auf
wir verglichen unsere füße
die in wollsocken und schlapfen wenig erotisch wirkten
und uns zu recht gschamig
zu boden blicken ließen

ab und an probierten wir selber einige
tütchen backpulver aber im grunde
passierte nicht viel

grün, weil mein schatz ein förster ist

heirate mich
heirate mich von hier weg
heirate mich von mir weg

von meinem schäbigen jeden-tag-aufstehen
und nicht wissen was tun

gib mir einen namen
gib mir eine aufgabe
gib mir legitimation

während du in deinem hochsitz ausschau hältst
schaue ich in den backofen
und dem lustig brutzelnden rehrücken zu
klettere in unserem heim umher um die geweihe
abzustauben begebe mich in gefahr
stelle mich auf zehenspitzen um an jedes ende
eines jeden 16-enders zu gelangen

lass mir auslauf
lass mich bäume küssen
rinden streicheln
verbündete mit kaffee beklatschen

nimm mich sonntags mit in deinen wald
lass mich an deiner seite still und zaghaft
bäuchlings durchs geäst robben

mein ellenbogen an deinem ellenbogen
dein ellenbogen an meinem ellenbogen
dein ellenbogen auf dem boden auf dem schon mein
ellenbogen liegt
boden an bogen an bogen an boden

heiße schauer durchströmen mich und lassen den
waldboden vibrieren und mich dir beherzt
in den schritt greifen
machs mir und machs mir hart
besteig mich wie einen deiner hochsitze
naturbursche du
bestie mit rauhen rissigen pranken im lodenmantel
heirate mich

straßenbahnhaltestelle

vor meinen türen reißen sie alles auf
wühlen alles hervor ...
von meinen fenstern aus
kann ich schon sehen
dass unter diesem pflaster nicht der strand liegt

wie lange wollt ihr noch mit
euren vor scham und wut
rot pulsierenden köpfen
auf dem holzweg trampeln?
ich habe mich doch längst ergeben

ich sitz dann doch immer nur da
und höre platten

in meinen träumen klingel ich sturm
kratze mit geschärften fingernägeln meine initialen
in hauseingänge
überbrücke entfernungen im höhenflug
springe auf fahrende züge
sehe mich nackt und unantastbar durch
menschenansammlungen schreiten

raube dir die zeit die mir zusteht
suche dich heim frage nach
verlange antworten
schlage zurück
sage ja sage nein
mit meiner stimme
und so wie sie klingt
und so wie es mir entspricht

tatsächlich tapse ich mit leisen sohlen
auf nassen handtüchern
dir und deiner sprache entgegen
und gebe vor
die selbe zu sprechen

wenn ein dichter
mit dem teufel einen pakt geschlossen hat
bleiben für den rest nur
engelszungen
schäfchenwolken
kuschelbären
ich und du
und blut und tod
so einfach ist das

explodierender einheitenzähler für
eine undefinierbare menge an stille

schlaf deinen sprachzerfall
in der herbststadt aus

tief unter den vergessenen stimmen
erhänge ich hörbar bauchland
bell brüll schimpf

aber über uns
lebt ein feuchter fließmund

erkaltete kühlschrankpoetin
sinkt vor dem alten eiskasten zusammen
vor scham ob der platten
erotischen gedichte
der selbstverfassten

muss selber den mehlspeistraum ausbrocken
den sie sich eingelöffelt hat

versucht sich aufzurichten
sucht nach halspastillen
und findet nichts
als verpackungsmaterial

hört nicht
was nicht schellt
hebt ab

habe mir beim sex im auto das genick gebrochen
geschlechtsverkehr an außergewöhnlichen orten
mit sieben interessanten menschen aus
zweihundert verschiedenen ländern
das haben wir nun davon
wie wärs mal wieder ganz einfach
und
ohne anfassen

alles bricht auseinander

sie gebären kinder
und lassen ihre tapes
mit wunderbaren stimmen verstauben
erkennen sich auf der straße kaum wieder
und reden sich ins wort

während du gedankenverloren
in mir herumstocherst
und auch ich schon
nach meinen zigaretten ausschau halte
denke ich
dieses
und alle folgenden
sind das letzte mal

es plötzlich wieder
verstehen
kaffee
brot
butter
draußen
drinnen
gehen
tatsächlich
es stimmt

im traum hatte sie das feuer gelegt, entbrannt war in wirklichkeit doch nichts. er bestellte sie her und schickte sie wieder weg, hatte hunger, war müde. hat eine menge mit sich zu tun. meistens gehts ihm beschissen. alle haben ihn belogen und betrogen.

süß, der teddybär in seinem bett. ein ganz lieber junge, sensibel, im grunde ganz anders, und das in seinem jungen leben.

alles, was er berührte, gelang ihm sofort. meistens war es papier.

er schreibt, er schreibt. und gut kann er das. es wird sicher noch einmal etwas aus ihm werden. er kann zurückblicken auf duschvorhänge und ansichtspostkarten in öl, olivenöl. er hat was zu erzählen und hält damit hinter dem berg. sprudelt manchmal badesalz auf den tisch, die anderen machen das dann sauber. weil sie ihn mögen. sie wissen ja um seine kindheit, behandeln ihn wie watte, weil er watte ist.

nichts als watte und knochen.

dürfen sie mal anfassen, oder tut das weh?

er ist ja auch nur ein mann und wünscht sich eine warme bikinizone im bett. nur weiß er noch nicht welche. er denkt nicht drüber nach, weil er verdrängen auch ganz gut findet. klar, all die erlebnisse, all die furchtbar schlimmen erlebnisse, die kann er nicht immer präsent haben. wie sähe das aus?

also weg damit, in den ofen und erwärmen und dann doch nicht essen. keinen appetit? och ...

eine birke bewegt sich zur musik, die jemand anders durchs fenster nach draußen sprudeln lässt, vor der tür sommerbefürworter; einer weiß nicht was er will, in zimmern entscheidet sich etwas von selbst. man kann es verstehen, wenn man zuhört. ein notarztwagen holt petrarca ab, er war uns unter unseren händen verblutet und seine letzten worte stehen in der zeitung, man kann sie umsonst aus plastiksäcken ziehen, heimtragen und dort als unterlage benutzen. irgendwas ist immer.

am telefon will sich jemand nicht mehr sein gehirn ficken lassen und jemand anders sagt okay und legt auf. ein tiefer, langer schlaf ist gut für die haut. ein spiegel zeigt ein spiegelbild und zur gleichen zeit am gleichen ort schreien sie: ja, wir sind da!

wie elementar ist die wahl der schuhe am nachmittag, wie sieht ein ausgewogenes frühstück aus und wieviel flüssigkeit muss man zu sich nehmen, um gesund zu bleiben.

irgendwo benutzen sie ihren sekretär auf der bühne und ihr ist alles recht. was braucht sie schon, um unzufrieden zu sein? hübsch ist es, wenn alle gleichzeitig anrufen, dann muss man niemanden wirklich sprechen.

lass es draußen in der wachau sein
ich sage grace k. bescheid
du bringst das fass bier
wir machens uns nett
wir sitzen im gras

oder lass es das burgenland sein
¾-takt aus dem ghettoblaster
dass ich deine dialektgedichte jetzt besser verstehe
liegt nicht daran
dass wir uns näher kommen

jeder will mit jeder zusammenziehen
junge paare wünschen sich nichts sehnlicher als die
eigene mietwohnung
schwitzige hände signalisieren gemeinschaft
im gemeindebau

an haltestellen begibt man sich in pose
verschränkt sich ineinander bis zur unkenntlichkeit
verliert sich im sweater des gegenübers und hm ...
der riecht nach ihm

einander kaum noch vor augen habend
erinnert man sich zurück
und kittet an alten unzulänglichkeiten
macht dem anderen in den alltag eine freude rein
prostet sich übermütig mit eistüten die tops schmierig
es ist frühling

wir sind ein volk ohne raum
frohlockt er
überhäuft keuchend ihre 2 mal 2 quadratmeter
große übekabine
sie steht auf dem balkon
und raucht sich ins fäustchen
denn er kann schwitzen
soviel er mag
er bastelt ihr nicht mehr
das jungmädchenzimmer
im reihenhaus

wie an eisenkugeln gekettet
liegen sie in unangebrachtem abstand voneinander
entfernt und lamentieren lauthals auf ihrem diwan
unintakter vergangenheiten
schade

heute verteilt sie mit ihrem zerzausten haar
und ihrer zerschlitzten haut auf der straße
vaginalandkarten an interessierte junge herren
im kampf für geschützte hin-und-zurück-liebe

einst war sie ein rücken an dessen
hahn man drehen konnte wie man wollte
es kam kein tröpfchen zärtlichkeit heraus
für jemanden der sich nicht für nein
und schon gar nicht für ja entschied
im grunde ist sie auch jetzt noch
sie

eine konsequenz eine reaktion
so wie man in sie hineinfließt
schallt eine ohrfeige zurück
die den schlag verfehlt
und sie selbst trifft
möge sie jemand von der straße zurück holen
der sie nimmt als das
was
sie
ist

unverschlüsselte botschaften in teppiche brennen
hermetisches gelächter in beziehungsaufarbeitungen
münden lassen
und alles später mit befreundeten hexen
und wilden kräutern ausräuchern
hörst du: ausräuchern
und es genauso sehen

und sich für 5000 DM minus küssen
über kilometerlange autobahnen hinweg
und nicht
wie er es gerne hätte
beim selbermachen
ihn sich so vorstellen
wie man ihn gerne hätte

sich nichts mehr vorstellen wollen
keine geweihe verschenken
keine gedanken verschwenden
sich auf einer skala von 1 bis 10 nicht bei 12 treffen
keine ambitionen mehr so weit zu gehen
statt dessen
hermetisch zurücklachen

mitten auf der straße
fast nicht sichtbar
in einem haufen toter ratten liegt ein mann
jemand schmeißt mannshohe wackersteine nach ihm
aber er bewegt sich nicht

an ihm vorbei
und mich noch einmal vorsichtig
durch meinen rückspiegel
nach ihm umgeschaut
kann ich sehen
dass er im toten winkel
winkt
er hat mich erkannt
wie ich ihn
ein stückchen gemeinsame vergangenheit
wird in siebzig kleinen mägen
nicht mehr zu ende verdaut
und bettet sein rückgrat
weich

wer keine mitte braucht
traut sich einander im tiefsten osten zu begegnen
jede stadt öffnet ihre u-bahnen anders
mach die handbewegung
und luxus bedeutet küchenfliesen
was schaust du so glatt und kalt
bastelst du an einem missverständnis?

n e u

mittelwild mischwald
ich trag ihn heim
befreit von plastiksäcken
aller kunst enthoben
entdecke ich noch immer
definierbares auf schultern
im hausstaub liegt ein pünktchen
fünkchen hoffnung

die kühle blonde
landbevölkerung norddeutschlands

sie treffen einander barfuß
und mit unrasierten beinen
atmen sich mit sauberen lungen
rote wangen ins gesicht
sie trinken nicht mehr
das haben sie hinter sich
sie haben es zurückgelassen

ein brief
ein foto
ein anruf
ja
jemand geht auf der anderen seite mit

nikolaus scheibner

```
        ich muss
            die beine
        auf die sachen
                    stellen
            sonst lauf ich weg
    sonst laufen die sachen weg
                    oder die beine
ich kann
        sie nicht
                    einfach
                                        so
                                    fallenlassen
wer fängt sie auf
                        ein
                    riesengroßer
                      brocken
salz
        von den socken
                                                    ich
                    stell die beine


                        drauf
```

haselnussschokolade essen
und phantasieren
mahuriana rauchen
und onanieren
die bewegung des kiefers
die bewegung der hand
gleichmäßige betäubung
es ist nur schade
um die schokolade
es is nur schad
um das ejakulat

es kann jetzt nur mehr
oder weniger werden
ich kann bei überanstrengung
einfach so tot umfallen
aber das glaube ich nicht
mein letztes wien hat morgens
gelbe bäume und ein laufendes kind
über pappgebäude
es gibt nur noch eine strecke
in zwei richtungen
nach vor
und zurück
ich bin jetzt gerne krank
ich bleib jetzt krank
ein leben lang

mit dem aufwasch
schlussmachen
mit dem aufwasch
tanzen
mit dem aufwasch
verreisen
mit dem aufwasch
entgleisen
mit dem aufwasch
beweisen
aufwasch & abwasch

mit dem besen hadern
mit dem besen fluchen
mit dem besen schimpfen
mit dem besen suchen
mit dem besen
mit dem keks brechen
mit dem keks krachen
mit dem keks hassen
mit dem keks versöhnen
mit dem besen am keks

mit dem schuh waschen
mit dem schuh essen
mit dem schuh lesen
mit dem schuh küssen
mit dem schuh
mit dem glas lachen
mit dem glas sprechen
mit dem glas sprechen
mit dem glas essen
mit dem glas
mit glas und schuh

hat hier irgendjemand ei
ne zerhackte mutter? hat hier irgend

jemand ei
ne geknackte mutter?
gezwickte vertrackte mutter?

hat hier vielleicht irgend
jemand ei
ne geknickte oder verstrickte mutter?

hat hier vielleicht irgend
jemand ei
ne mutter mit einem fischkutter?

oder als mutter ei
nen würfelzucker?

hat keiner ei
ne mutter mit zwiebelhacker?
alles intakt?

sehr bald bin ich zuhaus
das denken schalt ich au
s das fernsehn schalt ich
an computer spiel ich da
nn weil ich nix andres ka
nn das andre is traumat
isch der bildschirm is   quadratisch

unterhalte dich selbst ruf
dich selber an frag dich   selbst
mach dir selbst was vor
empfinde dich selbst als   zumutung
lass dich selbst links liegen
bedeute dir selber nichts
schweig dich selber an
unterstell dir selber was
verkauf dich selbst für   dumm
lass dich selber hängen
lass mich aus dem spiel

ein neugeborenes haus hat noch
keine zimmer wohl hat es ein da
ch fenster und türen nur führen d
ie nirgendwohin und kommen nir
gendwoher bis die zimmer komm
en mit ihren rucksäcken voll tisch
en und stühlen manche sogar mit
fernseh und videogeräten manch
e mit fliesen und badewanne man
che mit fliesen und bratpfanne ma
chen sich überall breit nehmen ei
nem überall den platz für das was   passiert
ist man wohl selbst verantwortlich

ich hätte nie aber ich ha   b
ich hab den rauhen mist   mitgebracht
überall auf deinem bode   n   verteilt
als requisite als bühnen   bild
ich hab meine show ab   gezogen
wie einem kleinkind die   haut
wider dich und mich ich   hab
meine illusionen aufge   blasen
wie luftmatratzen ich wa   r   nie
da für dich ich hab jede   s   glas
jeden teller vergiftet und   hatte
handschuhe an ich hab   gelächelt
und dich mit kälte gequ   ä   l   t   jetzt
                                                 fängst
                                                 du
                                                 an

zigaretten und wasse   r   immer dann
wenn er bleiben kann

und dem regen brech
en die füße vollmond
und neumond und de
r gehsteig sammelt di
e kippen immer dann
wenn er bleiben kann
ganz plötzlich zum at
men keine luft und si
e trugen den gehstei   g
                                  fort

natürlich gibt es die sehn   sucht
die angstsucht und weltfl
ucht natürlich hab ich da
von natürlich ist das nich
t was hilft es sie vom pap
ier auf mich runterglotzen
zu lassen oder sie natürli
ch sind das die drogen n
atürlich sollte ich schlafe
n natürlich schlafe ich ni
cht ich bin ein einziger f
ehler natürlich stimmt d
as nicht ich bin ein dopp
elter und hundertfacher   fehler
tausendfach natürlich si
nd sie das auch natürlich   ist das nicht

die sterne explodieren nicht
oder unbesehen

schnell tritt ein neuer
vor das ungeheuer

schau wie schön ich bin

du biest

du hast mir vielleicht lange schon den rücken gekehrt
mit deinem besen hinter meinem rücken
meine schuhabdrücke die fußmat te aufstellend
vor deiner tür gekehrt die zerdrü ckten
zigarettenstummel die asche die ich hinterließ
mit allerlei in den container gepa ckt die gläser
wieder sauber gemacht nur weni ge fingerabdrüc
ke wirst du übersehen vielleicht auf der hülle
irgendeines films eines buchs o der
einer cd denn weiter als zu irgen deiner hülle
bin ich bei dir nie vorgedrungen

strickland 2

die mittagshitze bereitete strickland kopfschmerzen ein stofftaschentuch über dem gesicht begann strickland wie ein ständig heißer und heißer gewaschener wollpullover zu schrumpfen strickland ein schwarzer punkt eine winzige zweibeinige unebenheit am fuße eines wolkenkratzers aufgelesen von den zugekniffenen schlitzaugen einer asiatin auf der cityview plattform des lincolngebäudes in wixie. das laub schien hier von den umliegenden höhergelegenen heroinplantagen heruntergeweht zu werden über die höchsten hügel und bauten in den ersten vier monaten des augusts jeden jahres vielleicht um die straßen unpassierbar zu machen und bunt. einer der rhythmen dieser stadt die nur die altvorderen kannten. strickland war im inn plaza einem letztes jahr unterirdisch angelegten hotelkomplex unter der cityhall in der er sara zum letzten mal begegnet war (sara) abgestiegen. er hatte sich das rauchen abgewöhnt und sie hatten sich geliebt.

von den hohen stufen herab hinauf stand strickland jetzt neben der rosenverkäuferin als winziger fleck als ungenauigkeit in der asphaltstruktur neben dem größeren gelben fleck eines taxis das wixie gerufen wurde und schneller fuhr als irgendwo sonst.

»ki-wei ha kun« rief mi-ling hinunter. »ki-wei kun hua-wei?« antwortete strickland mit runzligem gesicht er verstand ihre frage nicht das wenige chinesisch das er aß flühlingslolle frühlingsrolle. sie versuchte es in gebrochenem englisch »er nicht ist hier oben. und sie ... sie schon wissen ... sara (sara) sie gesprungen ist soeben sie hörte nicht mich sie zuhören nicht wollte nicht.«

»hat sie bartleby gesehen?« strickland war verwirrt jeden augenblick konnte bartleby an ihm vorbeimarschieren und sara (sara) mit einem kopfschütteln fasste strickland einen beschluss »hi-chi ha hua-kun!« sie sollte zu ihm herunterkommen.

»sie ist gesprungen!« (mein staubfänger) mi ling schüttelte heftig den kopf »sie komischer mann kleiner« und stieg auf die brüstung riss ihre bluse entzwei und ließ einen teil davon die luft durchsegeln durch wolken und giftgas ihre augen weiteten sich kurz als das holz eines ihrer rot glacierten stöckel zerbarst wurden kugelrund und fraßen in sekunden schnell den ganzen straßenzug die fahrbahn einen braunen lincoln den eisverkäufer menschenströme zuerst punkte dann flecken im blutigen aufprall wahre kerle! damen und herren voll knochen säcke voller knochen. (mein staubfänger)

mi-ling war mit sara gegangen ihr rückgrat war knapp oberhalb des bauchnabels in ein spannkabel geraten und zerrissen wann kommst du meine wunden küssen. (sara) strickland stand gerade achtundzwanzig zentimeter neben ihren beinen und dem sich auf den heißen asphalt ergießenden mageninhalt mit den unansehnlichen wülsten ihres verschissenen gedärms. er steckte das taschentuch in die rechte gesäßtasche und ging durch die aufgebrachte fleischversammlung in das gebäude. »toller sprung finden sie nicht?« bartleby es ist bartleby in seinem rücken »mochten sie sara? sie hatte kaum brüste.«

strickland geht weiter. (mein staubfänger) der lift in der sonnendurchfluteten eingangshalle etwa zwanzig schritte von strickland entfernt eine fettbäuchige frau mit zersprengtem kostüm zehn schritte zwischen strickland und dem aufzug vor angst wabbernd auf dem boden links von ihr ein kind eine schulklasse japanischer touristen ein maskierter mann zeigt mit dem linken ringfinger auf strickland und spuckt ihm ein kleines weißes spuckschaumgebilde an den kragen noch eines daneben und eines an stricklands hutkrempe.

»auf den boden hab ich gesagt!! auf den boden!!« »schreien sie hier nicht rum ich habe kopfschmerzen!« »sie haben was?« »kopfschmerzen!« während sich strickland auf ein weiteres wortgefecht einlässt schreitet bartleby seit tagen unsichtbar zum lift beugt sich nach vor und betätigt die rufschaltung »können sie mich sehen?« ruft bartleby »sie fuchteln da mit einer waffe herum also ich weiß nicht sie könnten sich verletzen oder schlimmer noch jemand anderen also ich an ihrer stelle würde da etwas mehr aufpassen.« strickland wendet sich von dem spuckenden gangster ab und mustert bartleby »was machen sie überhaupt hier und wieso können die anderen sie nicht sehen?« bevor bartleby etwas entgegnen kann fällt ihm der maskierte räuber ins wort

»sie sind ein bauchredner!! was sind sie doch für ein komischer! kleiner! mann!« sichtlich rot und verschwitzt unter dem rot bestickten seidenstrumpf einer allseits bekannten prostituierten die sie elvira genannt hatten ehe sie ihr ein bein abgeschnitten und den rest verbrannt hatten. vielleicht weil ihm gerade jetzt die herkunft seiner maske durch den kopf geht vergisst der mann einfach eine salve blei seiner spucke hinterher strickland an den kragen zu jagen stattdessen fragt er »warten sie auf den lift?« und winkt mit der unbewaffneten hand nach seinem komplizen. »wieso? wollen sie alleine fahren?« fragt strickland nimmt die linke hand aus seiner hosentasche was den räuber kurz erzittern lässt und sieht auf seine uhr (7:43) die stehengeblieben ist zur gleichen zeit wie im großen unwetter '68 um 7 uhr 43 wie strickland sich nun vergewissert stehen geblieben ist zur gleichen zeit und vielleicht seit jahren so stillstand um heute am tag saras großen sprungs dieselbe zeit aufzuweisen. (sara) »wir fahren gleich zu ihrer freundin strickland« sagt bartleby und öffnet die flügeltüren des lifts zwei schwarze kugeln rollen heraus hinein in die beleuchtete kabine. »quatschen sie hier nicht rum!« murmelt strickland dicht gefolgt von bartleby dem fliegenhaare im gesicht wachsen und fliegenaugen zuerst nur auf der stirn dann zu allen seiten so dass bartleby schwindelt. (sack voll knochen)

strickland tritt bartleby mit seinem knie in den brustkorb und bohrt einen besonders günstigen handmixer in bartlebys rücken. »sie komischer kleiner mistkerl!« schreit bartleby und spuckt zersetzenden schleim auf stricklands schuhe. »ist schon gut! ist schon gut beruhigen sie sich ich beruhige mich. wir sehen nach sara.« einen augenblick nichts keine regung dann sinken die fäuste. »sie ist gesprungen strickland sie ist nicht ihretwegen gesprungen« bartleby hilft strickland auf die beine »das mit ihren schuhen tut mir leid die können sie wegschmeißen«. der lift kommt zum stehen gibt einen metallenen ton von sich und öffnet den zweien den weg zum flur zur aussichtsterrasse beide steigen aus strickland kommt schritte später hinter bartleby vor einem schuhreinigungsautomaten zum stillstand »sie haben sie nicht gekannt!« strickland ist plötzlich aufgebracht »ich habe sie ja auch nicht gekannt! niemand hat sie gekannt. sie hat sich ja nicht kennen lassen. von niemandem! verstehen sie?«

eine eidechse läuft todesmutig durch den flur über stricklands rechten schuh und verschwindet um die ecke. »halten sie den mund! putzen sie was von ihren schuhen übrig ist und halten sie den mund. kommen sie mit hinaus« spuckt bartleby. strickland hebt die arme ein sprühregen ätzt kleine punkte in die haut der abwehrenden hand beider hände »lassen sie mich zufrieden!« (mein staubfänger) (sie sack voll knochen)

das surren der bürstenrolle des automaten verscheucht eine ängstliche eidechse zu hunderten »wissen sie was das schöne an wixie ist? meer new england und doch pures amerika.« »freut mich dass es ihnen gefällt steigen sie nicht auf die eidechsen das bringt unglück.

sehen sie die!?« bartleby zeigt auf den ausgetrockneten leib einer toten eidechse »die hat sara auf dem gewissen. sie trat auf sie als sie nach der kaffeepause frische servietten in die damentoilette brachte wo die heutige aktionärsversammlung stattfand. chaostheorie müssen sie wissen mit dieser eidechse fing alles an.« die beiden nähern sich der aussichtswarte zehn meter durch den flur eine glastüre dahinter schon sichtbar tische und stühle des viewdiners bunte halbnackte verschwitzte menschenleiber in der dünnen luft und ferngläser große fernglasgeräte. »ist sie von hier gesprungen?« bartleby hält strickland die tür und sieht ihm in die augen. »sie haben eine schnittwunde oberhalb der lippe neben dem auge« sagt bartleby »hat sie mit ihnen schach gespielt?« strickland tastet mit der rechten hand im gesicht nach der schnittwunde »wir sprachen bloß einmal von schach als sie diese knoblauchallergie hatte '76 als die rattenplage war in europa ich weiß noch sie hat darüber gelacht.« (sara) »vielleicht sollten sie sich einen whiskey holen!« sagt bartleby und setzt sich an einen tisch mit gutem blick »oder einen guten rotwein mein freund«. strickland setzt sich zögernd ebenfalls »und wenn sie sich vollends in eine fliege oder sowas verwandeln?« »machen sie sich nicht ins hemd manche dinge sind einfach nicht wie sie scheinen.« strickland drückt ein fünfzigcentstück in das fernglas. (sara) »kann ich sie von hier aus sehen?« strickland schwenkt aufgeregt diagonal »wo liegt sie?«

»sie ist ebenso zerrissen wie die japanerin.« »philippinesin« verbessert strickland mehr zu sich als zu bartleby dem langsam flugtüchtige gebilde aus dem rücken wachsen. »ihre beine und ihre muschi liegen auf dem basketballplatz der second avenue der teil mit dem kopf hängt im korb. sie hatte immer etwas über für das besondere.« bartleby nimmt das fernglas fixiert einen punkt und weicht mit dem übrigen körper von der hand mit dem arm und dem glas zurück »schauen sie strickland!« »schneien soll es gottverdammt!«

»sind sie sicher?« jetzt ist bartleby plötzlich ganz aufgeregt. »oder wenigstens regnen soll es!« da bricht der mond entzwei und eidechsen und wolken fallen unter tosendem schütten tausender engel mit zehnliter plastikkübeln heraus. »verdammt! hoffentlich hält das der sonnenschirm aus« ruft bartleby und versucht seine flügel zu entfalten schüttelt eidechsen ab »helfen sie mir! durch ihr mistwetter gibts keinen flugverkehr.« strickland schubst bartleby von sich »wussten sie dass eidechsen versuchen im fallen auf einen vogel zu springen und ihm erst den tödlichen biss verpassen wenn sie gelandet sind?« eidechsen und wolken türmen sich auf den sesseln und tischen des terrassencafés rutschen von den tischkanten sammeln sich am boden darunter um nach und nach auch die gegen oben geschützten flächen zu erreichen. »was machen sie nur wieder für eine schweinerei!« (sara)

»halten sie sich da raus bartleby ich werde sara zusammensetzen.« strickland steht auf und verlässt den tisch. (voll knochen) »schonen sie ihre flügelknochen«

sagt strickland. »grüßen sie sara. sie wird sie wieder sitzenlassen und zu mir kommen. wissen sie wenn ich zu ihr komme kommt sie immer mit mir. sie kommt immer mit mir!« bartleby ruft die worte wie einen seltsam einstudierten reim strickland schon fast bei der tür. »sie kommt immer wieder zu mir! sie sagt sie sind ein komischer kleiner mann! strickland! ein sack voll knochen!«

strickland begann zu laufen von dieser terrasse weg von diesem haus diesen drähten im gemäuer vorbei an biologischen hindernissen bewegten höchst modischen kleidungsstücken und deren mechanischen beförderungshilfen. die hitze die die parkenden autos abstrahlten trieb strickland schweißperlen in die augen als er den basketballplatz erreichte und sara wie ein penner verbeulte coladosen für die er einen cent bekommt einzusammeln begann strickland hatte noch tränen in den augen als er nachts die arterien vernähte. er hatte ihren körper noch nie so völlig entblößt verletzt und zerrissen gesehen ihre füße und er küsste ihre füße und verschmierte ihr blut wissend dass sie ihn zurückweisen würde als lebende als einzig lebendiges in seinem stricklands kreisrunden leben.

»warum bartleby die fliege baby« flüsterte strickland und nähte weiter jahre tage und acht nächte nähte und schnitt verband und ersetzte strickland schließlich nahm er seinen eigens zu diesem zweck im delta quadranten entwendeten reanimationstrank und holte ihren geist in ihren körper zurück. »das musstest du nicht machen«

flüstert sara. (sara!) »das ist mein staubfänger« sagt strickland und küsst sie auf die stirn »bartleby wartet vor dem fenster.«

»du komischer kleiner mann!«

strickland lässt sich so einen ton nicht gefallen verlässt sara und besteigt ein flugzeug in den süden. sara trifft bartleby einmal die woche in wixies inlokal quinceys manchmal nachts im inn plaza zimmer 305. der maskierte räuber aus der halle wird zwei tage später auf der flucht von einem betrunkenen autofahrer in motton angefahren tötet vier menschen in einer tankstelle beim snakedrive motel 308 und verblutet an einer schrotladung des besitzers tim warrens den er aber noch abknallen kann was ihm viel bedeutete. henry miltentoe der staatsanwalt zieht sommer '78 in ein größeres landhaus nach cloghlay und wird herbst '90 in wixie auf offener straße bei geschlossenem himmel erschossen. der bürgermeister wird von dem citytower gestürzt und seine vergewaltigte frau an einen betrunkenen penner gebunden. mikey manner erreicht fünf touch downs in einem spiel für die wixies high und wird noch am selben tag wegen heroinbesitzes von einem korrupten bullen totgespritzt. es ist ein heißer sommer '86 mit tornado dandy und mister twister menschenhaie tauchen an den küsten im mai '87 und '89 auf weitere genetische entartungen gehen bis auf den großen laborbrand im herbst '85 zurück. bartleby veröffentlicht in dieser zeit acht bücher von denen zwei weltruhm erlangen »to fly like a fly« im deutschen »fliegenfalle« und »wixie the secret capital« im deutschen nicht erschienen. überall wird gearbeitet gesprochen telefoniert und skizziert baustellen vernarben weite flächen der wüste zwischen den weitgestreuten betonpilzgewächsen erdbeben bröseln sie nieder menschen bauen sie wieder auf fahren mit ihren autos in die arbeit liefern ihre kinder morgens vor den schulen ab identifizieren abends ihre zerschnittenen vergewaltigten und zerschmetterten (oder zerrissenen) kleinen körper in der gerichtsmedizin und stecken sich nachts zweiläufige jagdgewehre in den mund.

wenn man einen zyniker trocknet und reibt
                                    entsteht zyankali

philip scheiner

es wird sich von selbst ergeben
es wird sich biegen oder brechen
oder einfach liegen wie ein ei
auf einer melone

es wird sich von selbst ergeben
es wird auf stelzen oder raedern daherkommen
sich in zucker waelzen
& wir werden es zu schlucken haben

schreiduelle

blaettern in verblassten prospekten
papa muss ueber sein sensibelchen laecheln
mama fragt

ich klappere mir noch ein wenig das blut
von den zaehnen
blicke links blicke rechts
orientiere mich los

es wird alles gut oder schlecht
werden

willst drueber
reden ich
hab immer
ein offenes
schulter

schon ganz wo anders sein ueber
der grenze und brot umarmen?
schon ganz wo anders sein im
morgen sein und beeren zaehlen?
schon ganz wo anders sein in
einer narzisse sitzen oder schlafen gehen?
schon ganz wo anders sein auf
diesem warmen weib weich werden oder
von einer granate verfehlt?

schon ganz wo anders sein ueber
die grenze sein und brot trocknen
schon ganz wo anders sein im
uebermorgen sein und beeren zahlen
schon ganz wo anders sein eine
blume gießen und schlafen gehen
schon ganz wo anders sein auf
diesem warmen weib weich werden oder nicht

kam
weiblich den weg sprach
vom krieg gong gang
ging aufrecht mit beinen
mit beinen
gang gong ging

wir standen in der
wohnungstuere und aßen
rote erdbeerschnuere
und noch eine schnur
ich und die hur

wir saßen auf den
simsen die sonne ging in
die binsen
von der wahrheit aber
nichts erfuhr
die hur

wir lagen in den baeumen auf
abgebrannten traeumen
standen in der
wohnungstuere aßen
rote erdbeerschnuere
und noch eine schnur
sie erhaengte sich am abend
auf dem flur

hinterm ziegeldach wald
hinterm berg vielleicht eine wiese oder nichts
es ist schon spaet die floehe gaehnen schon
die muecken kommen jetzt um sie zu essen
sie hat das schuhband verknotet
geht zum brunnen setzt sich hin
ein abend wie gestern aus stein und wind sie friert
ich bleib hier sitzen bis der himmel schwarz ist
wieder blau ist und mich waermt

hinterm ziegeldach berg
unterm wald vielleicht ein stein oder nichts
es ist schon spaet die muecken sind schon satt
sie hat das halstuch verknotet
die beine sind schon schwer
eine nacht wie aus stein und wind sie friert
ich bleib hier sitzen bis die daecher blau sind
wieder rot sind

hinterm ziegeldach ein stern
unterm himmel vielleicht die erde oder nichts
es ist schon spaet die schenkel sind schon zart
etwas kommt jetzt sie zu kuessen

sie hat die brueste schon ent
hat den bauch schon
sie hat
eine nacht
ein frieren ich bleib hier im warmen bis

hinterm ziegeldach
unterm nichts vielleicht
es ist noch
der wind
eine
ein
sie friert nicht
ich

serie super (1)

der mensch kann wohl tun
was ich will
aber er kann nicht
wollen was ich will.
super

~

heiraten.
super

~

karo
und
herz
und
treff
und
pik as.
super

dort im baeumchen
auf dem wieschen
mit den bluemchen
nistet ein fetter rabe.
super

~

orange ist
fast so gruen
wie violett.
super

~

reimen.
super

~

fisch mit zucker.
super

~

ein golf hat viel weniger
schnurrbarthaare
als ein jaguar.
super

schoen bist du.
super

~

einer steht und schaut
zwei stehen und schauen
zehn stehen und
einer schreit und
tausend stehen und schreien.
super

~

afoch gschissn
gschissn afoch.
super

.

ruckadiguh
i want to hate you
ruckadigarrr
but you are so farrr
ruckadigack
fuck

traeumendfrank

frank auf der ottakringerstraße richtung café ritter, seinem stammcafé, gehend, an den kleinen braunen denkend und an zu vermeidende konversationen und an gestern und an den morgen nach gestern und an den milchkaffee und an das gesicht und an ihre finger und ihre stimme und das nachhausespazieren und wieder an ihre finger und dann an den ganzen morgen und den abschiedskuss und an ihr atmen und wieder an den milchkaffee denkend, nach dem ihr atem duftete, und an sie, nach der ihr atem duftete, und an ihre haare, wie die wohl riechen, und an sein gesicht in ihren haaren und an einen duft denkend, sodass seine gedanken immer ein paar schritte hinter seinem koerper her gehen, rundglaenzend und drall, angefuellt mit schlaf und kaffee und duft und haaren und weichen lippen, vor welchen ihn ekeln sollte in diesem gewirr, doch frank ist gut in selektiver wahrnehmung, das ist so eine art von ihm, so schuetzt er sich vorm ekel. weil immer alles vermischt wird und weil immer alles vermischt ist, muss ich selektieren und das einzelne betrachten, denkt er, hinter sich her laufend, muss ich selektieren, herauspicken muss ich das leckere und isolieren muss ichs, nur der milchkaffee darf teilweise etwas von ihrem atem und ihr atem teilweise etwas vom milchkaffee haben, und ihre haare duerfen was von ihr haben, muessen was von ihr haben, wie die wohl riechen. und jetzt ist nachmittag, und ins kaffeehaus geht er, und ihre haare hat er im mund und ihre lippen am hals und seine finger hinter ihrem ohr und auf ihrem ruecken, und ihr hemd hat er aufgeknoepft, und die knoepfe hat er zum drehen und zum kurz warten zwischen den fingern, und ihre lippen an seiner brust und ihre haende ueber seinen bauch, seinen bauch, und ein bisschen

in seiner hose und seine lippen um ihren nabel und seine zunge und ihr bauch und seine lippen, seine zunge und ihr atem, und es schmeckt intensiv nach ihr, und seine zunge macht ihr atmen und ein zucken dort und da und ihr zucken und ein großes atmen und ein sagen: komm, und ein sagen: ich, und ein insohratmen und ein insohrkuessen und ein hart und weich und ein gleiten und ein weich und eine waerme dort, und noch ein paar schritte und das schild: café ritter, und ein atmen und ein sagen: du, und feuchte lippen und eine wildgewordene zunge und ihre stimme und ihr rasendes herz und sein rasendes herz und ihre rasenden herzen und eine spitze! und ihre verschwundenen augen und ihre wiederkommenden augen und ein kuss und ihre haare, und ein auskuehlen und ein laecheln, und eine zigarette anzuenden und gegen seine gewohnheit mit der angezuendeten zigarette ins café ritter gehen. und ein kleiner brauner hat wenig von einem milchkaffee, ihre haare, wie die wohl riechen.

psarádesfrank

hier stehen schwarze kuehe im seichten wasser, halten so die fueße kuehl. ist das blut wieder still, kehren sie zurueck zum weiden im dunkelgruenen. sie sind schwarz wie trueffel, und der bootsmann vorne strotzt unter seiner roten kappe, die ausfluegler sind da. am steg ist ein gedraenge, eine runde wollen sie fahren, zu fuenft in einem boot. vom stadtasphalt zum felsensee, heute ist mir nichts zu schoen. die fueße werden nass, das macht nichts, heut will ich die elemente spueren.

der wind tuermt dem nachbarn einen toupierten schopf vors gesicht, es ist ihr mann, es stoert ihn trotzdem nicht, heute ist auch er ein freier mensch. und beißt und leckt in die letztlich so vertraute wolle. schau, ein schwan. wie weiß der ist. wie ruhig der segelt, so ein schweres stueck, dass der so fliegen kann. schau, noch einer, das sind ja gleich zwei, meingott schoen ist das da; waehrend in der bergtaverne frank ihr gesicht erinnert.

frank lockert weiches brot fuer drei kleine voegel. und lockert zorn im wein. gibt der reudigen katze von seiner forelle eine flosse. und das rueckgrat. und ein aug. den ganzen kopf und den rest, die zitrone, das brot, den salat und das soda, auch das salz und die zigaretten, alles, alles fuer die katz. nur den wein nicht, den wein trink ich selber.

den wein trank er selbst. und eine zweite flasche. lud die schnurrbaertige junge kellnerin ein, mit ihm zu kommen, fuhr mit ihr zu den wiesen, ihr koerper war dann warm und glatt. ihre brueste salz. sie muesste ihr dorf verraten, dachte frank am duftenden fleisch. sie sei fuenfzehn, antwortete sie, und die schenkel wurden eng und kraeftig, so vergaß frank fuer eine weile, so dachte frank das gesicht zu vergessen und glitt in einen warmen bach. schwamm dort, bis die wiese blaeulich war, die luft den fetten schweiß auf ihren baeuchen kuehlte.

frank hatte die augen geschlossen und schon annas atem gefuehlt. war dann in eine flimmernde sekunde entschlafen und erwachte an dem maedchen, das ihn kuesste und atmete, bis er ein zweites mal ueber ihr war. das verbotene bringt erfuellung, dachte er, und sie war noch nicht satt. doch frank war wieder schlaff geworden und schlief in ihrem arm.

einen kaffee gekocht haben einen griechischen die schreibmaschine aufs fensterbrett stellen und mit der hand schreiben mit der rechten
nicht schreiben koennen ueber nichts und in nichts und die schaumschicht des kaffees hat einen dicken riss bekommen und kalte finger bekommen
einen kaffee gekocht haben einen griechischen und den aschenbecher drueben vergessen haben und nicht rauchen
und nicht schreiben koennen und die finger und den

bauch am kaffee waermen und ueber nichts und in nichts schreiben koennen in nichts sein als in nichts und aus dem fenster sehen und wieder am kaffee nippen diesmal schluerfen und denken dass man nur einmal lebe und den ganzen kaffee hineinkippen und am satz des kaffees nicht ersticken sondern daran kauen bis die letzte zahnritze dunkelbraun ist
und nicht schreiben koennen und doch eine zigarette anzuenden und viel rauch in die lunge holen und nur einen winzigen teil davon gegen das licht blasen und denken dass man nur ein mal lebe und wie waere das eine kaffeeschale schlucken
und die zigarette am fenster ausdruecken und den mund bemerkensweit oeffnen und mit der kaffeeschale die backen dehnen und bemerken dass der gaumen die mundhoehle zu eng fuer kaffeeschalen macht und so sicher nicht sprechen koennen so vielleicht schreiben koennen

ach die welt ist so geraeumig und der mund
aber ach
ach ach
und auf die klassiker scheißen die ganze klassik zum klo runterspuelen und auch auf den ganzen shakespeare an einem abend auf den ganzen shakespeare scheißen und die klassik in fuenf minuten komplett zuscheißen und so vielleicht ein bisschen schreiben koennen und bis zum abend sitzen nicht rauchen und vor dem schlafengehen einen satz schreiben und schaleputzen gehen und unter

zwei decken an ihr schoenes gesicht denken und als ob man eine wolke kuesst und an england denken und an shakespeare und beschließen kein wort mehr zu schreiben nie wieder

frank erwachte mit einem schalen geschmack im mund. er hatte wild getraeumt. von einem jungen mann, der immerzu von etwas faulem redete, immerzu fragte nach dem faulen, da sei etwas faul, etwas faul im, in einem staat soll etwas faul sein, in einem staate, sagte der junge mann immer wieder, und frank erinnerte den vorigen tag und dass er ja auch daenemark verunreinigt hatte. und dachte an zeitreisen und an den fortgang der geschichte, was waere wohl geschehen, wenn ich nicht den ganzen shakespeare und also auch daenemark vollgeschissen haette, was haette dann dort faul sein sollen, wie gut dass es zeitreisen gibt.

frank brachte nichts hinunter, etwas hinderte ihn am kauen, etwas sperriges, hartes. der hausarzt konnte nichts ungewoehnliches erkennen und der zahnarzt lobte nach beseitigung kleiner kaffeeflecken den guten zustand der schale. ist das noch ihre milchschale, fragte er. frank verneinte, wollte gehen und stand vor seinem vater, der ihm eine uebergroße kaffeeschale auf den kopf setzte. frank wachte zum zweiten mal auf.

waldfrank

das ist nur eine phase, einfach eine phase, jeder mensch hat seine phasen, auch ich darf meine phasen haben, auch ich darf eine phase haben, warum sollte ich nicht ab und zu eine phase haben duerfen, wenn das jeder darf, denkt frank, nur eine phase, und klappt das schweizermesser auf, alles bewegt sich in phasen, so wie ich jetzt in einer phase bin, setzt mit der großen klinge an, das ist nur eine phase, und durchbohrt die aeußerste schicht, in einer phase ist alles erlaubt, denkt er, was ich jetzt tu ist unter dem phasengesichtspunkt zu sehen, drueckt das messer tiefer hinein und ritzt die ersten millimeter, das muss weh tun, denkt er, aber er hat eine entschuldigung: in einer phase sei er und ein eigenstaendiger mensch sei er, und mit dem messer einen buchstaben ritzen, das duerfe er, in einer phase darf er alles, weil man in einer phase alles duerfe, und ritzt fuenf zentimeter lang, das blut sieht er schon quellen, wann das heilen wird, fragt er sich, eine schoene narbe wird das werden, denkt er, und alle werden sie bestaunen koennen, er wird sie allen zeigen, mit denen er da her kommen wird, und alle werden sagen: das hast du gemacht, und er wird nicken, denn in einer phase ist alles erlaubt, den schoenen buchstaben wird er allen zeigen, und wenn jemand sagt, dass er das nicht gut finde, dann wird frank sagen:

der baum hat sich bereit erklaert, mich in dieser meiner phase zu begleiten, und so hab ich diesen schoenen buchstaben in seine rinde geschnitten, dieses k, weil die phase k hieß und alles in dieser phase mit k begann, das wird er sagen, alles hat mit k begonnen, und ein stueck der rinde bricht er schon heraus, jetzt noch die beiden kleinen schraegen teile, mit k, wird er sagen, hat alles begonnen, ihr name, die kerzen in der nacht, das kornfeld und das klueck, der baum hat jetzt eine kafoermige frische wunde und frank denkt, dass die natur sein k bald zu einem kunstwerk machen wird und dass dieses k in harmonie mit der natur ist und in harmonie mit dem baum, der baum wird stolz sein, ein k zu haben, und wenn er sprechen koennte, wuerde er sagen: danke frank. es ist nur eine phase, und frank denkt, dass der baum das weiß, der baum haette in franks phase nicht anders gehandelt, er haette ohne zu ueberlegen, aber unter staendiger bemuehung der phasenrechtfertigung dem frank ein aestchen ins fleisch gesteckt.

zuhoerfrank

auf dem winzigen rasenstueck neben dem parkplatz des einzigen supermarkts in dem stadtteil steht klein und zappelig ein grauer mann mit einem großen muellsack, und bei ihm steht frank.

der mann sagt: weil ich ein hobby brauch / jeder braucht ein hobby / haben sie kein hobby was tun sie denn in ihrer freizeit / was / keine freizeit na sie sind mir einer was haben sie fuer einen beruf dass sie keine freizeit haben / sind sie pfarrer oder was / wie / ich hab sie nicht verstanden / und außerdem muss ich jetzt gehen meine blaetter verfaulen sonst / ich muss sie trocknen wissen sie / auf bald lieber herr / nein ich moechts gar nicht wissen behalten sies fuer sich / sie koennens ja nicht einmal so aussprechen dass es ein jeder verstehen kann / nein ich bin nix heiß auf menschen mit unaussprechlichen berufen / die sind verdaechtig die fuehren was im schild / kein anstaendiger mann sucht sich einen beruf den er nicht aussprechen kann / wahrscheinlich kann den keiner aussprechen ihren beruf / seins mir nicht boes aber mit leuten wie ihnen moecht ich gar nix zu tun haben / die leut mit so verrueckten berufen sind selber ein bissl / morsch im schaedel / ich muss jetzt gehen / nach haus / die blaetter trocknen / neinnein mein lieber ich wills nicht hoern / sie koennen der kaiser von rhodesien sein wenn die ueberhaupt einen kaiser haben / einer der seinen beruf nicht weiß ist kein mensch / einer der nicht weiß was er fuer einen beruf hat was soll das fuer ein mensch sein / neinein / sie wissen sicher nicht einmal ihren namen / wie / nein ihr name interessiert mich nicht ich will ihn nicht hoern / neinein / einer der nicht weiß wie er heißt was soll das sein / ein mensch / jedes kind weiß wie es heißt und mit so einem wie ihnen soll ich reden der nicht einmal seinen namen kennt / von ihnen soll ich mich volllabern lassen von einem der nicht einmal weiß wo er zuhause ist / nur obdachlose sind nirgends zuhause und warum sollte ich mich mit einem obdachlosen unterhalten / ich denk gar nicht dran mit einem wie ihnen zu reden ich hab meine eigenen sorgen soll ich mir vielleicht ihre sorgen anhoeren warum sollt ich ihnen zuhoeren ich hab meine eigenen.

es ist nacht geworden. so lange hat der blaettersammler auf frank eingeredet. und kalt ist es geworden. so aufmerksam hat frank dem blaettersammler zugehoert. die beiden verabschieden sich und gehen nach links und nach rechts.

kreidefrank

sie heißt in wahrheit hanna. dabei ist anna mein lieblingsname. kinder haben lieblingsnamen. lieblingshunde, lieblingsfarben, lieblingsautos. ich mag rapsgelb, so blendend, so ueberzeugend. wie annas lachen. kinder wissen nicht wieso. sehen etwas und schon ist es ihr lieblingsetwas. die rote tafelkreide. volksschule. frank hat sie in der pause in seiner bank versteckt. waehrend der stunde hat er leuchtende rote flaechen in seine bank gemalt, geleuchtet hat das, rot geleuchtet, sogar im dunkeln, gemalt hat er, flaechen und dreiecke, kreise, selten aufgeschaut und dreieckige kreise gemalt, staub in die spanplatte, das rot, die spanplatte, der feine staub, die finger leuchten, ich moecht davon kosten, leuchtender als kirschen, ich koste jetzt davon, erst rieche ich, und dann, ein blick! die frau lehrerin! rote aederchen in ihren augen, reißt frank den kreidestummel aus den fingern, die aederchen sind dunkelrot!

es ist gruen, zwei autos stehen an der kreuzung gentzgasse/gymnasiumstraße. so ein ueberzeugendes lachen, so schoene zaehne, beim lachen zaehne zeigen. ich werde sie bis morgen vergessen. der nebel hat alles aneinandergeklatscht, blaetter gehoeren auf die baeume, die sind nackt, blaetter gehoeren nicht auf die straße, es ist winter, alles aneinandergeklatscht, was der sommer sorgfaeltig getrennt hat, klatscht der winter aneinander, der nebel ist ueberfluessig, anna, ich haette sie beruehren sollen, sie ist so schoen wie ihr name, kuessen und beruehren, rund, die lippen, offen, geschlossen, offen, schoene worte, beruehren und kuessen, und die augen klar, etwas verbergend. sie wollte rotwein, hamma leider nicht, weiß, klar, die glaenzenden augen, auch andere haben augen, dieser blick, auch andere haben einen blick. das schuelerchen frank ist schutzlos, *kleine figur, zappelige*, die frau lehrerin zupft an den faeden, *du hampelmaennchen!, wasmachstudah!, kreide!, farbkreide!, teuer!, gestohln!, mutti,* wird angerufen, *werd ich anrufen muessen!*, kommt in die schule, schimpft, ein boeses kleines wesen, watschen gibts nur eine, leichte watschen zeigen macht, die maedchen fluestern, franks traenen beschaemen ihn, die buben lachen, die restlichen watschen zuhaus, *weinen hilft nix, damit machst dus*, noch eine verkehrte, *nur noch schlimmer!*, auch schopenhauer, kindheit, ein paar watschen noch, links links rechts, die letzte tut sehr weh, schopenhauer, die letzte brennt, schopenhauer hat einen boesen blick, der nebel hat es verdeckt, noch eine letzte, schon bei der schopenhauer, schlag auf schlaege, bitterlich geweint, schon bei der schopenhauergasse, ohne schild haett ich sie nicht erkannt, das herz schlaegt im rechten ohr, das linke friert ab. ich hab doch nur gemalt, fußgaenger haben vorrang, keppel nicht!, ich hab gemalt! gemalt! die rote kreide, so was schoenes.

das darf man nicht!, ich bin schuldig, *gestohlen!*, die frau lehrerin bestohlen!, schuldig, alles selbst zu verantworten, die aederchen und die schreiende mutter und links links rechts, die schmerzen verdient, tut eh nicht weh. tut eh nicht weh, ich bin eine kleine figur, nicht zappeln, ich war boese, und die luft war boese, die haeuser sind erfroren, nicht zappeln, ich hab gestohlen!, watschen sind gerecht, nur nicht zappeln, die wut der mutter war logisch. anna hat logisch gesagt, ganz logisch, etwas logisches, etwas schien frank logisch, nicht anna hat es gesagt, ich bring schon wieder alles durcheinander, die blaetter sind nass. der nebel ist ja nur wasser. martingasse. so weit schon.

so weit schon gegangen. die naechsten haeuser, unkenntlich. der nebel ist unschuldig. wie soll er auch schuldig sein, etwas zartes ist unschuldig. ich soll mich nicht fragen wohin, ich soll mir sagen ich gehe. gefragt wird spaeter, entschieden wird am ende. der weg ohne entscheidungen ist zuende zu gehen. zuhause wartet nichts. bier, zuhause muesste ich mich zu etwas zwingen, ich gehe dorthin, wo bier ist, zwinge mich nicht zum erstbesten, warte geduldig, gehe geduldig durch ein paar gassen, friere geduldig. zwinge mich zur geduld, zwinge mich zum frieren, zwinge mich, mich nicht zu zwingen. alles kommt vom zwang, ohne zwingen ist nichts. ich nenne es meinen willen und schon ist es freiwillig.

petra lehmkuhl

geb. 1975 in bremen. arbeitete als freie mitarbeiterin für den »prinz bremen«, studiert in berlin kunstgeschichte und neuere deutsche literatur, 1998 bis 1999 studienaufenthalt in wien.
lyrik und prosa seit jahren.

nikolaus scheibner

geb. 1976 in wien. klosterschule, klostersuppe, internat, sechs monate internationale schule von penang/malaysien, zivildienst. nach obdachlosigkeit verlust der erinnerung an jahreszahlen und anzeigenverkauf beim wirtschaftsblatt.
schreibt seit 19?? (lyrik, prosa, songwriting).

philip scheiner

geb. 1977 in wien. europäische journalismus akademie in krems, freier mitarbeiter in der ö1-featureredaktion. kann seit er fünf war schreiben.
lesungen seit 1997, österreicher-preis bei »schreiben zwischen den kulturen 1999« (edition exil), erster preis beim poetry-slam 1999 (droschl-verlag).

p. lehmkuhl, n. scheibner und p. scheiner sind autorInnen der »interkulturellen schreibwerkstatt« des vereins exil im amerlinghaus.